Eusi Sondermann

# Management für Anfänger

www.tredition.de



Verlag: tredition GmbH, Hamburg

ISBN
Paperback:      978-3-7323-7272-0
Hardcover:      978-3-7323-7273-7

Printed in Germany

# Inhaltsverzeichnis

# Vorwort

Ich sitze in meinem neuen Büro im 7. Stock eines Hochhauses in Mexiko-City und habe mein Ziel mit gerade 32 Jahren erreicht: Marketingleiter  in der mexikanischen Tochtergesellschaft eines multinationalen deutschen Unternehmens. Es war bereits meine vierte berufliche Position, angefangen als Junior- Produktmanger in Darmstadt, Produkt-Manager in Köln und danach stellvertretener Marketingleiter  in Santiago de Chile.

Während meines Studiums der Betriebswirtschaft und der anschließenden 6-jährigen Berufspraxis hatte ich bis dahin viel gelernt  und wollte nun richtig durchstarten, als neuer Marketing-Leiter mit einem Team von 5 Produkt-Managern, 2 Junioren und, welch ein Luxus, einer eigenen Sekretärin. Sie hieß Ruby, war klein und pummelig und lachte immer mit ihren weißen Zähnen und zu großem Mund.

Es war nun 10 Minuten vor 10 Uhr und ich hatte für 10 Uhr in einem unserer Meeting-Räume mein Team eingeladen. Die waren vorher schon alle verwundert, dass sie von mir eine Woche vorher eine schriftliche Einladung  mit Tagesordnungspunkten bekamen. So eine strukturierte Einladung hatten sie von meinem mexikanischen Vorgänger bis dahin wohl nie gesehen.

Also begab ich mich mit der Orientierungshilfe von Ruby zum Meeting Raum, setzte mich in die Chef-Position vor Kopf, klappte meine Mappe mit den Tagesordnungspunkten und dem leerem Papier für die Notizen auf und harrte der Dinge, die nun kommen würden.

Es war nun Punkt 10 Uhr, ...und keiner kam. 10:05, immer noch nichts, 10:15, immer noch alleine. Dann, um 10:20, tauchte Pepe Maza auf, Produkt-Manager und späterer Freund, leicht übergewichtig wie viele Mexikaner und Typ Boheme. Ein schlechtes Gewissen wegen Zuspätkommens hatte er nicht, es wäre doch gerade erst nach 10. Ich begann ihm höflich zu erklären, warum Pünktlichkeit wichtig sei, er nickte höflich, sah das aber, wie ich an seinen verschmitzten Augen sehen konnte, bestimmt nicht ein.
Dann tauchten so langsam seine Kollegen und Kolleginnen auf, wenigsten hier gab es Entschuldigungsversuche. Und diese Sätze fingen immer mit „Sabe usted.." an, das so viel heißt wie „...wissen Sie".

„Sabe usted, mucho traffico „, hier war der Berufsverkehr der Schuldige, der Nächste „Sabe usted, mi abuela es enferma", da war es die kranke Oma, dann kam als Entschuldigung Probleme mit dem Auto, eine hatte einfach verschlafen und der letzte Produkt Manager hatte leider das Meeting vergessen. Jener meinte dann aber ohne schlechtes Gewissen: „Dann fangen wir eben später mit dem Meeting an, wo ist das Problem ?"

Das Meeting startete schließlich um 10:50, keiner war trotz Agenda vorbereitet, alle sprachen durcheinander, und alle waren, bis auf mich,  gut gelaunt.

Ich wusste aber nun ziemlich schnell, warum man mich in dieses Land und  diese Position geschickt hatte. Meine erste Management-Aufgabe lag vor mir !
 Es hat  ca. 5 Meetings gedauert bis alle meine Einladungen ernst nahmen, vorbereitet waren und pünktlich erschienen. Und alle hielten sich sogar an das von mir erstellte Protokoll mit den Meeting-Ergebnissen, Verantwortlichkeiten und Timings.

Mein Management war in diesem kleinen Punkt erst einmal erfolgreich, und selbst Ruby hatte Spaß an den Veränderungen und belohnte mich mit einem Dauerlächeln.

# 1. Was ist Management ?

Das Wort „to manage" bedeutet, „handhaben", „fertigbringen" oder „etwas bewältigen". Per Definition ist Management die „konkrete Organisation von Aufgaben und Abläufen".

**Ein Manager ist also ein Gestalter, ein Macher, ein Leader, ein Organisator und ein Verwalter.** Wobei die Eigenschaft, Manager zu sein, nicht angeboren, sondern erlernbar ist. Und lernen fängt in frühester Kindheit an. Die Erziehung der Eltern ist quasi die erste Management-Schule.

Wenn ich heute auf eine erfolgreiche Karriere als Manager zurückblicke, so hatten hier doch meine Eltern einen großen Anteil daran. Sie haben mich zur Höflichkeit erzogen, dem Gegenüber in die Augen zu sehen und den Damen in den Mantel zu helfen. Immer Respekt zu haben dem Gegenüber und zuzuhören. Klingt heute altmodisch, hat mir aber geholfen.

Das nötige Selbstbewusstsein bekam ich von meiner Mutter, für die ich (als Einzelkind) immer der Beste und Schönste war und (meistens) alles richtig machte, bei auftretenden Selbstzweifel in meiner Jugend klingt mir immer noch ihre Aufmunterung im Ohr „...Junge, das kannst du schon, das schaffst du schon".

Aber eigentlich war mein erster richtiger Management-Lehrer mein Vater, gelernter Friseur und Einzel- und Großhandelskaufmann. Seine Stärke lag bis zu seinem Tod in einer uneingeschränkt positiven Lebenseinstellung, verbunden mit Freude an Beruf, Sport und seinen Mitmenschen. Er sagte mir ziemlich früh: „Eusi, du musst dich sympathisch machen, dann hast du es einfacher im Leben". Er verwies dabei auf ein Buch von Dale Carnegie, das er gelesen hatte, mit dem Titel: „Wie man Freunde gewinnt: Die Kunst, beliebt und einflussreich zu werden". An späterer Stelle komme ich noch einmal auf dieses Buch zurück. Ich habe es mehrmals gelesen und es hat mir sehr geholfen.

**Erfolgreiches Management hat also sehr viel mit einer offenen, höflichen und sympathischen Persönlichkeit zu tun, und ich denke, in der heutigen Zeit noch mehr als früher.**

Früher zelebrierten Top-Manager ihre Macht, ein versteinertes Gesicht und ein ruppiger Ton gehörten dazu. Die Bürotür war geschlossen, die ältere ebenso schlechtgelaunte Sekretärin bewachte wie ein Kettenhund das Vorzimmer. Die eigene Position wurde zelebriert, aber nicht immer ausgefüllt. Diese Manager-Typen habe ich in verschiedenen Organisationen und Länder kennengelernt, richtig nach oben ist aber kaum einer von ihnen gekommen. Und richtig zufrieden mit ihrem Leben waren sie auch nicht.

Meine beruflichen Vorbilder waren Top-Manager und Vorstandsmitglieder, die Zeit hatten, gelassen waren, mit offener Bürotür und aufgeräumtem Schreibtisch, die zuhörten und mit ruhiger Rhetorik überzeugen konnten.

Ein guter Manager zu sein ist meines Erachtens eine Mischung aus geeigneter Persönlichkeit und dem konsequenten Beherrschen des Management-Instrumentariums, auf das ich später im Detail zurückkomme.


## 2. Wer sind die Anfänger ?

In Anlehnung an diesen Buchtitel sind natürlich diejenigen gemeint, die beruflich erfolgreiche Manager werden wollen. Denen möchte ich gerne Anregungen geben zum Erfolg, sowie Techniken und Instrumente beschreiben, die nicht unbedingt im klassischen Wirtschaftsstudium vorkommen. Ich habe während meiner berufliche Zeit zum Thema Management viel gelernt, durch positive und negative Erfahrungen, durch Kontakte mit sehr fähigen Mitarbeitern und Vorgesetzten und durch zahlreiche praxisorientierte Management-Seminare.

Das möchte ich in diesem Buch einmal ordnen, zusammenfassen und weitergeben.

Als Anfänger betrachte ich auf den Buchtitel bezogen aber auch Zeitgenossen, die nichts mit beruflichem Management zu tun haben, aber etwas Struktur und Organisation im täglichen Leben durchaus gebrauchen können.

Hier denke ich in erster Linie an meine liebe Ehefrau Hannelore, die in unserem Freundeskreis zu den Sympathieträgern gehört, immer gut drauf ist, meistens lacht und ein in sich sehr zufriedener liebenswürdiger Mensch ist. 35 Ehejahre haben wir auf dem Buckel, in dieser Zeit hat sie mich auf meinem Management-Trip durch 5 Länder begleitet, 3 Kinder großgezogen und mir den Rücken freigehalten. Aber sie ist unorganisiert und chaotisch !

Beispiel: Letzte Woche hatten wir 2 befreundete Ehepaare zum spanischen Tapaessen bei uns zu Hause eingeladen. Zum Essen wollte Hannelore eine Vielfalt bieten, wie wir es auch in Spanien gelernt haben: Tortillitas de Camaron (aus der Pfanne), gefüllte Champignons und Pimientos und Käse (aus dem Backofen), Chorizo und Morcilla (vom Grill) und weiterhin Boquerones, Guacamole und geröstetes Brot.

Auf meine Frage hin, in welcher Reihenfolge wir das zu uns nehmen, um die Zubereitung entsprechend zu timen, sagte mein Hannelörchen: „Das mach ich schon".

Das konnte doch nur in die Hose gehen, und so holte ich 1 Tag vorher einen Zettel und schrieb die Gerichte mit entsprechender Reihenfolge auf. Da war ich natürlich der Korinthenkacker, hatte aber am nächsten Tag unmittelbar bei der Vorbereitung des Abendessens doch noch eine Bestätigung. Hannelore meinte, in ihrem Küchenchaos und auf dem Höhepunkt ihrer Improvisation: „Kann ich den Zettel nochmal sehen?".

Nur ein kleines Beispiel, aber Management tut auch in der Küche manchmal gut.

Hier geht es natürlich nur um einen Randaspekt einer schriftlichen und damit für uns beide transparenten Planung, aber auch andere Bereiche des täglichen Lebens können durch ein wenig Management besser gehandhabt werden: Planungen von Veranstaltungen, und Reisen, Führen von privaten Vereinen und Clubs, Kontrolle des Haushaltbudjets, Versicherungsmanagement, Archivierung von wichtigen Unterlagen, und Erziehung der eigenen Kinder.

Hierzu noch einmal ein Beispiel: Unser Sohn Julian verpatzte nach 4 Semestern Wirtschaftsstudium in Aachen wichtige Klausuren, wir spürten bei ihm auch wenig Motivation, das Studium fortzusetzen, er traute sich bei uns aber nicht, das Thema anzusprechen. Wir finanzierten schließlich sein Studium.

Hannelore sah das sehr emotional, also nahm ich das Thema in die Hand. Führungsmeeting wie bei wichtigen Mitarbeitern:

Ruhiges 4-Augengespräch in meinem Zimmer, Türe zu, keine Ablenkung. Gemeinsame Analyse der Situation, dann Aktionsplan mit Timing und Zusage meiner vollen Unterstützung. Bei diesem Gespräch galt zudem der alte Grundsatz: Zuhören ist besser als sprechen. Und zudem: Sei in solchen

Gesprächen immer milde im Ton, aber hart in der Sache.

Das war also Management für den Hausgebrauch.

Julian war für dieses Gespräch im Nachhinein sehr dankbar, er hörte auf mit dem Studium in Aachen, machte eine Ausbildung zum Industriekaufmann und ist heute in seinem Job  sehr erfolgreich.


## 3.  Die Bedeutung von Dale Carnegie

Das Erlernen von Management-Instrumenten nutzt nichts, wenn die Grundwerte der Persönlichkeit nicht stimmen. Wie vorher beschrieben, ist erst einmal jeder das Produkt seiner Erziehung. Und hier brachte mein Vater das Buch von Dale Carnegie ins Spiel, von Amazon auch als „eines der erfolgreichsten Bücher im Umgang mit den Menschen" gefeiert. Titel: **„Wie man Freunde gewinnt. Die Kunst, beliebt und einflussreich zu werden."**Die erste Fassung des Buches ist von 1936 !

Carnegie meint mit seinem Buchtitel, durch freundliches Wesen sich Zugang zu Menschen zu verschaffen und nennt  5 wichtige Verhaltensregeln:

1. Über die Interessen und Ansichten des Gesprächspartners zu sprechen, statt über die eigenen

2. Zu fragen und zuzuhören, statt selbst zu reden

3. Freundlich zu sein

4. Menschen mit dem Namen anzusprechen

5. Menschen zu loben

Und Carnegie verspricht, mit diesem Verhalten

-Freunde zu gewinnen

-Beliebt zu sein

-Im Beruf erfolgreich zu werden

**-Streit zu vermeiden**

**-Seine Mitarbeiter anzuspornen**

Ich kann euch sagen, diese Anregungen, die in dem empfehlenswerten Buch dann einzeln ausgeführt werden, haben mir wirklich geholfen, mich in verschieden Ländern und Organisationen zurechtzufinden und meine Jobs erfolgreich zu erledigen. Dale Carnegie gibt in seinem Buch  noch viele weitere Ratschläge, für die Weiterbildung der individuellen sozialen Kompetenz, ein wichtiger Punkt für jeden Manager.

Und heute noch profitiere ich von diesen Erkenntnissen, ich fand mich immer in neuen Gruppen schnell zurecht, die Mehrzahl der neuen Freunde oder Kollegen fanden mich meistens sympathisch.

Man geht einfach bewusster mit Menschen um, indem man sich selbst etwas zurückstellt. „Everybodies Darling is everybodies A...loch" denken jetzt sicher einige von Euch, aber das meine ich nicht. Ich zitiere noch einmal den Satz von Seite 14 in diesem Buch:  Sei milde im Ton, aber hart in der Sache !

Letztlich bin ich meinem Vater immer noch dankbar, mich überredet zu haben, sein damals schon etwas verstaubtes Buch zu lesen. Es ist nach wie vor hochaktuell.

## 4. Das Management – Instrumentarium

Erziehung bildet Persönlichkeit, und die ist wichtig, das haben wir nun gesehen. Natürlich muss auch eine Intelligenz vorliegen, um sich mündlich und schriftlich in sauberer Form zu artikulieren, Sachkompetenz zu entwickeln und komplexe Sachverhalte zu verstehen. Doch Achtung: **Soziale Kompetenz ohne Sachkompetenz geht manchmal, Sachkompetenz ohne soziale Kompetenz geht nie, um ein erfolgreicher Manager zu sein.**

Wenn ich nun im Folgenden die Management – Instrumente beschreibe, so richte ich mich an die Anfänger, also diejenigen, die erfolgreiche Manager im Sinne von Führungskräften werden wollen und an gestandene Manager, die sich eventuell bestätigt fühlen und das eine oder andere doch gebrauchen können.

Die Management – Instrumente möchte ich nun beschreiben, zum Punkt „Soziale Kompetenz" habe ich ja bereits einiges vorweggenommen:

I.      Sachwissen

II.     Organisation

III.    Kundenorientierung

IV.     Mitarbeiterführung

V.      Soziale Kompetenz


Nun im Detail:


## I.      Sachwissen


Ein Sachwissens-Fundament muss jeder Manager haben, sonst braucht er auch keine weiteren Instrumente. Der Leiter einer KFZ- Werkstatt sollte etwas von Autos verstehen, es ist nicht schlecht, wenn der Leiter einer Bäckereikette auch selbst backen kann und der Sparkassenleiter die Zinsrechnung beherrscht, so wie ein Controller im Unternehmen  Buchhaltung und Computer-Systeme kennen muss.

Mein Betriebswirtschaftsstudium war teilweise trocken und langweilig, aber was gelernt habe war

- das effektive und zielorientierte Arbeiten (schon alleine um die Klausuren zu schaffen) und
- das Strukturieren und Vereinfachen von komplexen Sachverhalten.
-

**Die KISS – Formel** hat mich sehr früh beeindruckt:

**Keep it simple and stupid.**

Während später viele meiner Kollegen häufig mit komplexen Darstellungen gespickt und mit möglichst vielen Fremdwörtern um die Ecke kamen und in ihren Monologen kein Ende mehr fanden, um ihre Intelligenz zu zeigen, hielt ich mich immer knapp und beschränkte mich auf das Wesentliche.

Was ich im Studium weiter an Sachwissen gelernt habe und mir später sehr geholfen hat, war das Gliedern von Sachverhalten, etwa bei Semesterarbeiten, Fallstudien oder bei der Diplomarbeit. Da mein Studienschwerpunt Marketing war, gelang es mir im Beruf sehr schnell, komplexe Ablaufschemen zu vereinfachen und Marketingpläne strukturiert zu erstellen.

In meinem ersten Job als Junior-Produktmanager reichte mein erworbenes betriebswirtschaftliches Fachwissen aus, um mich erfolgreich in der Praxis orientieren zu können. Das berufsbegleitende Lernen darf  aber nie aufhören, da sich die Welt weiterentwickelt, Märkte sich verändern und die Arbeitstechniken voranschreiten. Zu meinen Anfängen in den 70 er Jahren gab es noch keine Computer an den Arbeitsplätzen, geschweige denn Internet. Ein Hausmeister hieß noch nicht Facility-Manager, ein Sachbearbeiter noch nicht Backoffice Assistant, das Farbband an der Schreibmaschine musste man selbst wechseln, und was heute auf der externen Festplatte oder in der Cloud lagert, wanderte früher unauffindbar in den Aktenkeller.

Zu meinem geforderten Sachwissen zählten natürlich auch die Fremdsprachen, die ich für meine Auslandseinsätze brauchte, Gott sei Dank hatte ich hier eine gewisse Begabung.

Im Jahr 1995 war ich globaler Marketing-Manager in unserer Zentrale in Darmstadt, als mich mein

Chef Fritz Kahn, damals Vorstand Europa, zu sich rief. Im Vorzimmer lächelte mich seine Sekretärin, Frau Bast, höflich an, das war schon mal ein gutes Zeichen. Ich durfte die Tür zum Büro-Palast öffnen (Merke: geschlossene Bürotür, noch ein Manager der alten Schule) und da saß er. Etwas hecktisch und in Zeitnot (wieder alte Schule !), und er fasste sich kurz. Unsere Geschäfte in Benelux würden schlecht laufen, vom aktuellen Geschäftsführer hätte man sich gerade getrennt, ich sei wohl der richtige Mann für diesen Posten, ab nach Brüssel. Das Gespräch dauerte drei Minuten, und schon hatte ich einen neuen Job: Das Führen unseres Unternehmens in Belgien mit Umsatz und Gewinnverantwortung.

Er erwähnte dann auch noch eine Kleinigkeit: Französisch und Niederländisch müssen beherrscht werden, um problemlos mit dem Umfeld (Kunden, Mitarbeiter, Behörden, Presse) zu kommunizieren. „Kein Problem" war mein Kommentar, 3 Wochen später saß ich bereits in Einzelhaft in der belgischen Sprachschule CERAN in Spa, die ersten 4 Wochen Niederländisch, direkt im Anschluss 4 Wochen Französisch.

Mein für den neuen Management - Job notwendiges Sachwissen, in diesem Fall  Sprachkenntnisse, wurde somit angepasst, doch die wahre Herausforderung stand mir in Brüssel noch bevor.

**Die Anforderungen an das Sachwissen verändern sich im Laufe einer beruflichen Management-Karriere, vom Spezialisten hin zum Generalisten.**

Der Manager im Sinne einer Führungskraft sollte sich nicht mehr im letzten Detail auslassen, sondern die grobe Richtung verfolgen und immer die Bereichs- oder Unternehmensziele im Auge haben. Und dabei werden die im Folgenden beschriebenen Management-Instrumente besonders wichtig, wenn es darum geht, eine intakte Organisation zu schaffen, die Kunden immer im Blick zu haben und, für mich der wichtigste Punkt, Mitarbeiter konstruktiv zu führen und zu entwickeln.

## II.   Organisation

Bevor ich als Manager in meinem Unternehmen, oder meinem Verein eine funktionsfähige Organisation sicherstelle, ist es erst einmal notwendig, mich selbst zu organisieren, Ordnung in meinen Dingen zu haben, mit Terminverwaltung und klarer Prioritätensetzung. Thema: Selbstverwaltung!

**Dazu ein kurzer Exkurs zum Thema Stress**: Meine Erfahrungen in verschiedenen Einheiten haben gezeigt, dass richtig gute Manager keinen oder wenig Stress hatten, sie sind einfach selbst gut organisiert. Und gute Manager waren auch nicht die, die spätabends noch vor einem übervollen Schreibtisch saßen und offensichtlich nicht so richtig voran kamen. Ich gehe sogar soweit, dass von einer bestimmten Art Manager der Stress regelrecht zelebriert wird, um der eigenen immensen Bedeutung Ausdruck zu verleihen und/oder Gründe für mangelhafte Arbeitsergebnisse zu haben. **Da wird der Stress ganz leicht zum Statussymbol.**

Ich denke, der gute Manager glänzt durch seine Ergebnisse und hat es nicht nötig, an diesem Stress-Schauspiel teilzunehmen.

Aber ich erlebe dieses Phänomen sogar noch in meiner Rentnerzeit. Viele gleichalte Ex-Kollegen stöhnen heute noch, wie viele Termine sie haben, dass die Zeit zu knapp ist und Verabredungen mit guten Freunden am vollen, oft mit wichtigen Reisen zugepappten, Terminkalender scheitern. Und wie anstrengend all die Grillfeste, Karnevalssitzungen, Familienfeste, Reisen und Geburtstage sind. Und die reden dann auch sehr gerne über ihren Stress, denn es ist immer noch ein Zeichen großer Wichtigkeit !

Aber Vorsicht: Kommt dazu noch das Gefühl der permanenten Angst, etwas zu verpassen, das man über die sozialen Netzwerke wie Facebook auch alles mitbekomme, was gerade bei meinen Freunden und auf der Welt so passiert, dann kann wirklich Stress auftreten.

Also: **Negativer Stress ist in hohem Maße gesundheitsschädlich und es gilt, ihn zu vermeiden**. Ausreichende Freiräume müssen wir uns lassen, als Manager oder auch als Rentner. Und wer souverän ist, braucht den Stress auch nicht als Statussymbol.

Kommen wir zurück auf die Organisation als wichtiges Instrument des Managers. Und nochmal: Es geht nicht darum, welche Organisationsstruktur das Unternehmen haben soll, sondern wie der Manager sich selbst zu organisieren hat. Man könnte diesen Punkt auch „Persönliches Zeitmanagement" nennen, denn es geht darum, anstehende Aufgaben und Termine innerhalb des zur

Verfügung stehenden Zeitraums abzuarbeiten. Denn die Zeit ist begrenzt, sie stellt die einzige Ressource dar, die bei Verschwendung nicht zurückgewonnen werden kann.

Dabei sind folgende Punkte wichtig:

### a) Eigene Ordnung

Einer meiner Chefs, damals Vorstandsvorsitzende, beeindruckte mich immer mit einer Sache: Bei der Rücksprache in seinem Büro war der Schreibtisch immer leer, bis auf einen dezenten Notizblock und seinem pompösen Montblanc-Füller. Er wirkte absolut entspannt, sogar freundlich, als hätte er den ganzen Tag nur auf das Gespräch mit mir gewartet. Der erschien mir auch im Kopf besonders aufgeräumt  denn er hörte zuerst aufmerksam zu, kam ohne große Umwege zum Punkt und es gab eine schnelle Orientierung oder Entscheidung. Und dieser Mann, Chef von 18.000 Mitarbeitern und einem Umsatz von über 8 Mrd. Euro, stand auch noch höflich auf, wenn ich sein Büro verließ, wirklich auch im Nachhinein beeindruckend.

Zurück zum leeren Schreibtisch: **Um erfolgreicher Manager zu sein brauchst Du Ordnung** in deinen

Dingen, auch wenn eine gute Sekretärin Dir dabei helfen kann. Aber Du bestimmst ja den Ordnungs-Level, nicht deine Sekretärin. Eigene Ordner oder Word-Archive brauchst Du immer, alleine für die vertraulichen Dinge und die Tagesarbeit.

Ich machte mir dann sehr schnell das Prinzip des leeren Schreibtisches zu eigen, wenigstens abends verschwanden alle Papiere einigermaßen geordnet in den Schreibtischschubladen und ich verließ das Büro mit dem guten Gefühl, fertig geworden zu sein.

Auch heute als Rentner  bin ich ein Freund der administrativen Ordnung, mein Computer-Archiv hat Struktur, meine  weißen Leitz-Ordner sind sauber beschriftet, eine aktuelle to-do-Liste liegt in der obersten Schreibtischschublade und nach getaner Arbeit fliegt nichts mehr rum.

Und mein jährliches Fotobuch mit dem bebilderten Jahresrückblick gelingt mir nur, weil ich während des Jahres meine digitalen Bilder nach Zeit und Themen ordne, also Ihr Lieben: Ordnung ist das halbe Leben !

Meine Frau Hannelore ist da andersrum gestrickt, sie liebt mehr das Chaos, aber das hatte ich ja schon beschrieben.

Auch von einem anderen Kollegen habe ich entscheidendes gelernt, damals zu meiner Zeit als Geschäftsbereichsleiter Retail war er der Geschäftsführer in Mexiko. Ein harter Knochen, oft etwas zu freudlos, aber unglaublich organisiert. Bei der wöchentlichen Rücksprache hatte er immer einen Zettel vor sich liegen, auf denen die Themen vermerkt waren, die er mit mir besprechen wollte, als Follow-up aus der Rücksprache der vorherigen Woche. Durchnummeriert und untereinandergeschrieben, meistens waren es 10-15 Punkte mit den dazugehörigen Terminen. Diese Punkte wurden emotionslos durchgesprochen, wenn ein Punkt erledigt war, machte er mit seinem Billig-Kugelschreiber einen gestochenen Haken daran, mit einer Kraft, dass man um die Tischplatte Angst haben musste. Aber: Der Mann war geordnet und effizient, im Gegensatz zu anderen Vorgesetzten, die nicht vorbereitet waren, und das Gespräch meist smalltalkmäßig verlief.

## b) Prioritäten

Prioritäten erkennen und danach zu handeln ist wichtig für den erfolgreichen Manager, wieder im

Sinne einer optimalen Verwendung der bestehenden Zeit. Was ist dringend, was ist weniger dringend, was muss ich selbst erledigen, was kann ich delegieren ?

Dazu ist es natürlich auch notwendig, den eigenen Zeitrahmen zu definieren, oder anders gesagt, vorher zu bestimmen, ob ich bis Mitternacht im Büro sitzen will oder auch die notwendige Freizeit für Hobbies, Familie und Freunde mit einplane. Und eine professionelle eigene Zeitplanung schafft mir eben diese Freiräume, die auch der erfolgreiche Manager zur Regeneration braucht. Und was zählt am Ende des Tages oder am Ende des Geschäftsjahres für die Beurteilung der Management-Leistung: Das Ergebnis !


Prioritäten müssen festgelegt werden nach Wichtigkeit und Dringlichkeit, daraus leiten sich die notwendigen Handlungen ab. Folgendes Schema (Eisenhower-Prinzip genannt) verdeutlicht das sehr schön:

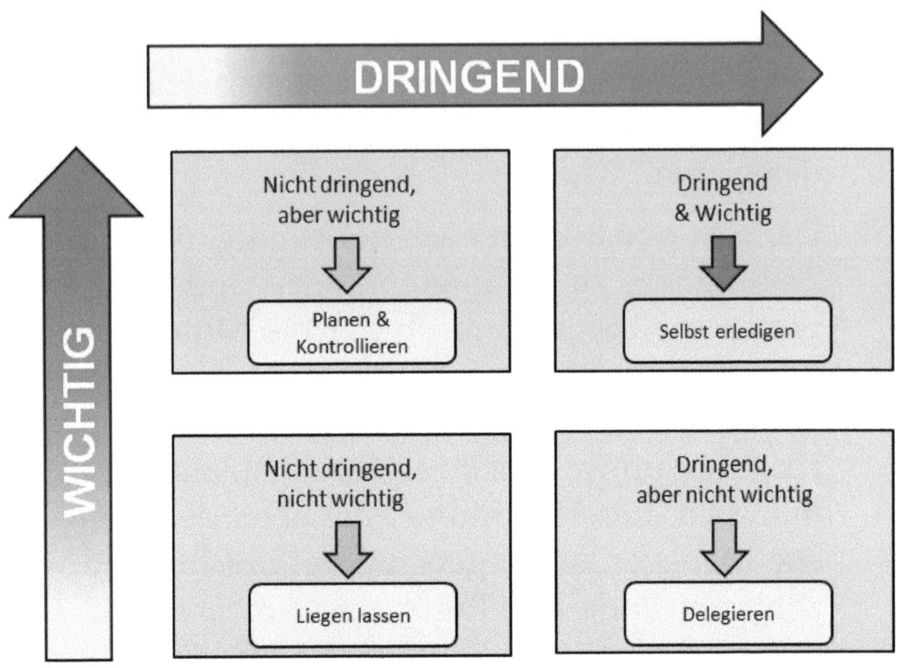


Voraussetzung für ein Erkennen von Wichtigkeit und Dringlichkeit ist natürlich eine klar definierte Unternehmenszielsetzung , dem Strategieplan und dem Maßnahmenkatalog der einzelnen Bereiche. Dann muss der Manager klar entscheiden, was er selbst direkt zu erledigen hat, was später erledigt werden kann, was an die Mitarbeiter delegiert wird und was sich mit der Zeit von selbst erledigt oder sogar mutig im Papierkorb verschwinden kann.

Ein Maximum an Delegieren setzt natürlich voraus, das die Mitarbeiter die entsprechenden Aufgaben auch lösen können. Und diese Einschätzung vorzunehmen, ob und wieweit ich delegieren kann, ist eine entscheidende Management-Aufgabe, auf die ich noch unter dem Punkt „People – Management" zurückkomme. Ein belgischer Managementtrainer, mit dem ich in Belgien und Spanien viel zusammengearbeitet habe, sagte einmal sinngemäß den Spruch:

**„Alle erfolgreichen Manager haben eins gemeinsam: Sie definieren ein klares Ziel, gestalten den Weg dorthin, und schließlich nutzen sie ihre soziale Kompetenz, um die Mitarbeiter dazu zu bewegen, diese Ziele zu erreichen"**

Bei der Selbst-Organisation zur optimalen Nutzung der Zeit sind 2 Punkte noch wichtig:

**Vermeidung von zu hoher Komplexität und Vermeidung von Perfektionismus.**

Ich war, wie schon vorher erwähnt, immer ein Anhänger der berühmten KISS – Formel (Keep it Simple and Stupid), auch in der Kommunikation mir den Mitarbeitern. Management-Themen sind in sich meist umfangreich und kompliziert, man sollte dann versuchen, die Dinge auf das Wesentliche zu beschränken. Wie oft habe ich schon bei Mitarbeitern erlebt, die in ihren Darstellungen sogar noch Komplexität aufgebaut haben anstelle der Reduzierung. Das hemmte oft den Kommunikationsprozess, denen habe ich dann gesagt: **Das Ergebnis einer Kommunikation ist nicht das, was du sagst, sondern das, was dein Gegenüber versteht !**

Perfektionismus ist die andere Bremse. Hier gefiel mir immer die 80 % - Regel. **Vermeidet unbedingt den 100 % - Perfektionismus**, das ist zum einen unrealistisch, zum anderen im Rahmen des Zeitmanagements unproduktiv. Die letzten 20 % sind meistens nur mit sehr großem Aufwand zu lösen, das lohnt sich selten.

Zu dem Thema ein Beispiel aus meiner Chile-Zeit. Ich war Produktmanager und kam mit meinem direkten Chef, einem deutschen Marketingleiter, sehr gut aus. Er war kreativ und kundenorientiert, in kleinen Dingen der Tagesarbeit vielleicht manchmal etwas zu oberflächlich.

Aber der damalige Geschäftsführer als oberster Boss war ein Detailfanatiker wie er im Buche stand.

Ich verfasste für meine Marken die Launch- und Promotionskonzepte zur Information des Mutterhauses in Deutschland, mein Abteilungschef war einverstanden und gratulierte mir, doch alle Schriftstücke der verschiedenen Abteilungen für die Zentrale in Deutschland gingen vorher über den Tisch des Chile-Geschäftsführers. Und der war ein regelrechter Fetischist von Satzbau und Grammatik. An einem Vormittag musste ich sechsmal in seinem Büro antanzen, um mit ihm, wie mit einem Oberlehrer, Zeichensetzung und Wortwahl zu diskutieren. Das waren die berühmten 20 %, die sehr zeitaufwendig waren und eigentlich zum Inhalt des Briefes nichts beitrugen. Er selbst brauchte aber auch mindestens eine Stunde für das Verfassen eines einseitigen Briefes, selbstredend saß dieser Geschäftsführer immer bis abends 10 Uhr im Büro, isoliert mit immer geschlossener Bürotür, und der Wachhund, eine Deutschchilenin namens Hanne, durfte auch nicht früher gehen.

Das Gegenstück vom beschriebenen Detailfanatiker war  später Willi Anwalt, mein letzter Chef in Mexiko:  Er war der König im Delegieren, von Hause aus Finanzexperte, er ließ mir für meinen Marketing- und Vertriebsbereich alle Freiräume. Die Ziele wurden knackig formuliert, erläutert und monatlich abgeglichen. Mein Geschäftsbereich lief über Jahre super und bei Bonuszahlungen war mein Chef dann auch großzügig. Gefeiert haben wir dann die Ergebnisse mit ausreichend Tequila, Angst vor Autoritätsverlust durch persönliche Nähe hatte dieser Vorgesetzte nicht.

### c) Meeting – Kultur

Ein anderer wichtiger Punkt zum Thema „Eigene Organisation" im Management.

Und hier schließt sich der Kreis zu meinem Vorwort, ihr erinnert euch an mein erstes selbstgeführte Meeting in Mexiko. Professionelle Meetings sind wichtiger Bestandteil einer funktionierenden Organisation. Aber auch hier gilt wieder: Qualität vor Quantität. Meetings können sich ohne Ende hinziehen, wenn sie falsch vorbereitet oder falsch geführt werden. Oft werden sie auch zu oft abgehalten und verlieren damit ihren Focus.

Und diese Kultur muss von oben vorgelebt werden, das Topmanagement gibt die Richtung vor. Meetings können einmal teambezogen sein, z.B. Vorstandssitzungen, Führungskreissitzungen oder

Abteilungsmeetings. Sie können aber auch im Sinne von Projektgruppen abteilungsübergeordnet sein, wenn es darum geht, Lösungsvorschläge für bestimmte Problembereiche zu erarbeiten. Ein gutes Projektmanagement kann sehr sinnvoll sein, darüber allein könnte man schon ein Buch schreiben.

Ein Meeting kann auch aus 2 Personen bestehen, z.B. das regelmäßige Follow-up Meeting mit dem Vorgesetzten oder das jährliche Führungsmeeting, auf das ich im Kapitel „Mitarbeiterführung" noch näher eingehen werde. Auch dieses 2er-Meeting erfordert eine genaue Vorbereitung und eine konstruktive Führung.

Meetings müssen immer 3 Schritte beinhalten:

### A. Vorbereitung des Meetings

Reservierung des Raumes, Bereitstellung von Getränken (evtl. Auch kleine Snacks) und Sicherstellung, das alle notwendigen Medien wie Beamer und Flipchart vorhanden sind.

Dann ganz wichtig: Erarbeiten einer Agenda mit durchnummerierten Besprechungspunkten und den Zuständigkeiten, wer welchen Punkt vorbereiten muss, mit Zeitrahmen für das gesamte Meeting und evtl. sogar für jeden einzelnen Punkt. Und schließlich das rechtzeitige Verschicken der Agenda an alle Beteiligten, damit sich jeder vorbereiten kann.

## B. Durchführung des Meetings

Die Gesprächsführung eines Meetings kann nur einer übernehmen, entweder der Ranghöchste und Vorgesetzte oder der Leiter der Projektgruppe. Die Leitung der Versammlung übernimmt meist der, der eingeladen hat. Und der hat dafür zu sorgen, dass

- die zeitliche Struktur des Meetings eingehalten wird
- eine positives, angstfreie und gelöste Stimmung entsteht
- unnötiger Smalltalk weitgehend vermieden wird, und
- nur konstruktive Kritik toleriert wird.

Eine produktive Gruppendynamik ist wichtig, denn jede Gruppe besteht nachweislich immer aus den Antreibern, die den Verlauf dominieren wollen, den Bedenkenträgern, die eine konstruktive Gruppenarbeit eher bremsen und den Neutralen, die sich alles anhören und eher passiv sind.

Am Ende des Meetings sollte der Gesprächsführer kurz die Ergebnisse im Sinne eines Konsens formulieren, quasi als Vorstufe des danach zu verfassenden Protokolls.

**C. Nach dem Meeting**

Wichtig ist, die Meeting-Ergebnisse in einem Protokoll festzuhalten, möglichst in kurzer und prägnanter Form. Weil mir das Follow-up einfach zu wichtig war, habe ich das Protokoll immer selbst verfasst und an die Teilnehmer verschickt, jeweils mit den 3 Punkten:

- Welche Entscheidungen wurden getroffen
- Was ist durch wen bis wann zu erledigen
- Termin fürs nächste Meeting

**Meine Erfahrungen haben ganz klar gezeigt, gut geführte Meetings erleichtern die Tagesarbeit enorm.**

Eine Besonderheit des Meetings ist das **Brainstorming,** wenn es darum geht, abseits der Tagesroutine neue Ideen zu finden, z.B. zu neuen Produkten, Promotion- und Webekonzepten, Vertriebsorganisationen oder neuen organisatorischen Tools.

Die beschriebenen Regeln zur Vorbereitung, Durchführung und Follow-up gelten hier natürlich auch, besonders gilt es aber, auf eine betont offene und angstfreie Atmosphäre zu achten. Die besondere Herausforderung an den Leiter eine Brainstormings:

- Jeder muss seine Meinung äußern, entweder durch systematisches Abfragen in der Reihenfolge der Sitzordnung, oder schriftlich auf losen Karten. (auch Metaplan-Technik genannt)
- Es gibt keine dummen oder falschen Kommentare, jede Meinung und jeder Teilnehmer ist 100%ig zu respektieren.
- Kritik ist nicht zugelassen.
- Alle Ideen und Meinungen müssen von dem Leiter oder Moderator dokumentiert und geordnet werden, bis sich nach einer weiteren offenen Diskussion interessante Dinge herauskristallisieren.

Und eine letzte Form wichtiger Meetings, das **Change-Management**. Über diese Thema werden ganze Bücher geschrieben, hier geht es nicht um das routinemäßige Erledigen der Tagesarbeit, sondern ähnlich wie beim Brainstorming um neue Ideen, weniger zu Produkten und Werbung, vielmehr zu Strukturen und Prozessen im Unternehmen. Diese müssen einfach regelmäßig in Frage gestellt und geändert werden, da sich das Umfeld auch permanent ändert. Neue Techniken, neue Trends, neue Verhaltensweisen, oder unternehmenszielbedingte Expansionen oder Sparnotwendigkeiten. Da der Mensch im wahrsten Sinne des Wortes ein Gewohnheitstier ist, und sich betriebliche Änderungsprozesse deshalb immer schwer durchsetzten lassen, sind wieder die integrativen Eigenschaften eines Moderators gefragt, der in der Gruppe eine entsprechende „Änderungskultur" herstellen muss. Eine klassische Führungsaufgabe!

Die dümmste Antwort auf die Frage „…warum sollen wir das so machen?" ist „…weil wir es immer so gemacht haben." Das ist der Tod jeglichen Change-Managements.

III.   **Kundenorientierung**

Alle bisher beschriebenen Organisationstechniken dienen nicht dem Selbstzweck, sondern sind Mittel zur Erreichung der Unternehmenszielsetzung. Und hier ging es in den von mir geführten Geschäftsbereichen und Gesellschaften immer um die unromantischen Kennzahlen für Umsatz und Gewinn. Klar, auf globaler Unternehmensebene spielt der Shareholder Value, also die Entwicklung des Aktienkurses eine große Rolle, doch die Ziele für das Management vor Ort und das Kriterium für die Bonuszahlungen Ende des Jahres: Umsatz und Gewinn waren immer letztendlich entscheidend.

Und dabei kommt ganz schnell der Begriff „Marketing" ins Spiel mit den wichtigen Fragen:

- **Was braucht der Markt ?**
- **Wie kann ich ihn befriedigen ?**
- **Wie ist der Markt strukturiert ?**
- **Was macht die Konkurrenz ?**
- **Welche Trends gibt es ?**
- **Wie ändern sich das Verbraucherverhalten ?**

Ich hatte das große Glück, immer erfolgreiche Kosmetik-Marken unterschiedlicher Konzerne vertreten zu dürfen. Das waren exzellente Unternehmen, weltweit vertreten mit starker Dominanz in den einzelnen Regionen und Marktsegmenten und mit großen Ressourcen für Forschung und Entwicklung.

In meiner Zeit Mitte der 1990er Jahre konnte ich mich da als Marketingmensch förmlich ausleben. Ich bekam als Category Manager die weltweite Verantwortung einer Produktgruppe und entwickelte in der Deutschland-Zentrale mit meinem Team Konzepte, Marken und Produkte, was zu einem Ausbau der Marktanteile weltweit beitragen sollte.

Dieser Job funktionierte nur mit starker Kundenorientierung: Weltweit angelegte Marktforschungsstudien über Handelsstrukturen und Verbraucherverhalten, Imagestudien zu unseren eigenen Marken und denen der Konkurrenz, Analyse aller Konkurrenzaktivitäten sowie persönliche Diskussionen mit Handelspartnern und Endverbrauchern.

Eine sehr abwechslungsreiche und reiseintensive Tätigkeit.

Meine Jobs danach als Geschäftsführer Benelux und dann in Spanien waren anders strukturiert.

Hier musste ich meine Marketing- und Vertriebspassion etwas deckeln, denn ich leitete das jeweilige Unternehmen mit den Bereichen Produktion, Logistik, Personalwesen, IT, Finanzen und 3 kommerziellen Geschäftsbereichen. Ich kümmerte mich um das Outsourcen von Servicebereichen und lag deshalb permanent mit den Gewerkschaften und dem Betriebsrat im Clinch. Ich führte viele interne Einzelgespräche und stellte dann die Unternehmensorganisation um. Ich vertrat unsere Firma bei verschiedenen Industrieverbänden und betrieb positive PR. Und, eigentlich das Wichtigste zum Schluss, ich besuchte regelmäßig unsere größten Kunden und mögliche Kundenpotenziale (Parfümerien, Supermärkte, Friseure, Einzel- und Großhändler). Das machte mir immer am meisten Spaß, oft begleitete ich auch ohne vorherige Ankündigung einen unserer Key-Accounter (Großkundenbetreuer) oder Außendienstmitarbeiter.

**Der Kunde ist König** ! Das muss so sein, und das gesamte Unternehmen sollte sich auf den Kunden einstellen, sowohl auf den Zwischenhandel als auch auf den Endverbraucher.

Die hier beschriebene Kundenorientierung ist natürlich ein wichtiger strategischer und sogar philosophischer Punkt, aber man sollte doch die konsequente Kundenorientierung des Unternehmens durch Instrumente sicher stellen. So war es in meiner Zeit in  Spanien für alle Produktmanager und den Leitern der anderen Abteilungen Pflicht, einmal im Monat einen Außendienstmitarbeiter zu begleiten, um den Markt aus erster Hand zu sehen und zu fühlen.

Ich habe in diesem Buch ja schon erwähnt, Management muss sich nicht nur auf Unternehmen beziehen. Es können auch sonstige Gruppen sein, die ein gemeinsames Ziel verfolgen, zum Beispiel Sportclubs oder andere Gruppen.. Um den Verein effizient zu führen, muss der Präsident regelmäßig die Meinung der Mitglieder einholen, informell/individuell oder in Meetings. Fragt die Mitglieder, was sie wollen, handelt nicht an ihren Interessen vorbei !

## IV.   People-Management

**Nun kommen wir zum wichtigsten Management-Instrument überhaupt: Dem Auswählen, Führen und Entwickeln von Mitarbeitern, auch People Management genannt.**

Hier habe ich während meiner beruflichen Laufbahn am meisten gelernt, entweder durch meine diversen Vorgesetzten oder auch durch Seminare, die ich besuchte oder teilweise später selbst gestaltet habe. Erwähnen möchte ich da einen regelrechter Führungs-Guru namens Fred aus der schönen Stadt Brüssel. Er hat mir in Belgien geholfen, eine Führungskultur in unserem Unternehmen zu etablieren, später habe ich ihn dann auch in Madrid für ein Projekt verpflichten können.

In meinem beruflichen Werdegang schaffte ich den Aufstieg vom Junior-Produktmanager zum Geschäftsführer und zum Mitglied der Konzern-Geschäftsleitung. Meine Personalverantwortung stieg während dieser Entwicklung, vom Einzelkämpfer bis hin zu einer Einheit von über 500 Mitarbeitern, das People-Management wurde für mich immer wichtiger: Das Anfertigen von Stellenbeschreibungen, Auswahl der geeigneten Mitarbeiter, gerechte Entlohnung, und eine kontinuierliche Mitarbeiter-Entwicklung.

Unser Headquarter war in Bezug auf People Management nicht optimal aufgestellt, so kümmerte ich mich in meinen Auslandsjobs sehr intensiv selbst um diese Dinge und legte Strukturen und

Prozesse fest, die motivierte Mitarbeiter schafften und zu einer aktiven und positiven Unternehmenskultur (die berühmte „Corporate Identity") beitrugen.

Über diese Instrumente möchte ich später berichten. Zunächst aber noch ein Schwank aus dem Leben.

Im Jahr 1996 sollte ich die Geschäftsführung in Belgien übernehmen und direkt die Zusammenlegung mit unserer Firma in den Niederlanden vorbereiten. Das war der berühmte Sprung ins kalte Wasser, nicht nur, dass ich Flämisch und Französisch lernen musste, wie ich vorher in diesem Buch schon erwähnte, nein, ganz neue Problematiken kamen auf mich zu.

Zuerst zu meinem Vorgänger in der Funktion des belgischen Geschäftsführers: Der hatte es geschafft, in wenigen Jahren die Umsätze und Erträge nach unten zu fahren, gute Mitarbeiter verließen das Unternehmen und die Konkurrenz freute sich. Er war ein belgischer Patriarch, ein Manager der ganz alten Schule.

Zunächst erbte ich in Brüssel sein Chef-Büro, ein Palast mit Eichenmöbel, wertvollen Bildern an der Wand und ein übergroßer, von Wichtigkeit strotzender Schreibtisch. Aber das Beste war die Eingangskontrolle zu diesem Büro: Ein kleine Ampel am Türrahmen, die von außen bei natürlich immer geschlossener Tür signalisierte, ob man eintreten durfte (bei grün) oder sich einen Termin geben lassen musste (rot). Und diese Ampel galt auch für die eigene Sekretärin, eine durchaus charmanten älteren flämischen Lady mit silbergrauem Haar.

Diese Lady, hieß Yvette und war von nun an für mich zuständig. Als erstes fragte sie mich, um welche Uhrzeit sie immer Kaffee bringen sollte, wann den Orangensaft, und ob ich auch nach dem Essen einen Cognac möchte.

Schnell bemerkte ich dann, das die 5 bestehenden Mitglieder der Geschäftsführung zerstritten waren und kaum miteinander kommunizierten, die Ebene darunter der Abteilungsleiter war frustriert, im Außendienst hatte man gerade noch gute, aber widerspenstige Mitarbeiter entlassen, und wieder freute sich die Konkurrenz.

Da gab es also viel zu tun, das Einfachste war das Abmontieren der Ampel und das Einstellen von Kaffe-, Orangensaft- und Cognac-Service. Mit Madame Yvette pflegte ich von Anfang an einen freundlichen Umgangston, das war für sie ungewohnt, aber sie war direkt auf meiner Seite. Ein wichtiger erster Schritt !

Dann folgten viele Einzelgespräche, wo zunächst jeder über jeden herzog, von nun ab gab es regelmäßige Meetings auf Management-Ebene und eben ausreichende Information aller Abteilungsleiter. Ich kam nicht umhin, einige nicht kooperativen Mitarbeiter zu entlassen und durch neue Player zu ersetzten, immer ein harter Schritt, aber meistens notwendig, um eine neue aktive Unternehmenskultur aufzubauen. Das Führen der direktberichtenden Mitarbeiter und das Installieren einer Führungskultur durch alle Ebenen hatte auf einmal für mich vorrangige Bedeutung.

Und als Geschäftsführer in Madrid im Jahr 2000 war es dann ähnlich, nur noch komplexer, weil größer. Eine komplette Unternehmensstruktur mit Produktion, Logistik, Verwaltung, Marketing und Vertrieb. Und mit der anspruchsvollen Zielsetzung, den Gewinn überproportional zum Umsatz zu steigern. Schwierige Aufgabe, doch wieder waren  meine Fähigkeiten als People-Manager mehr gefragt als die des Marketing- und Vertriebsfachmanns.

Kommen wir also zu den Instrumenten einer aktiven Mitarbeiterführung. Die Philosophie, die dahinter steht, verdeutlicht folgender Satz, den ich in deutsch schon erwähnte, der in englisch aber noch knackiger klingt:

**„All successful executives have one thing in common: First they see the end goal. Then they actively prepare the way, and lastly they use their social qualities to achieve that others do what they had planned"**

Die Instrumente dazu: Mitarbeiterauswahl und Mitarbeiterentwicklung.

### a) Mitarbeiter-Auswahl

In meiner Zeit als Category-Manager der Zentrale musste ich mein Marketing-Team um einen jungen Produkt-Manager ergänzen, idealerweise diesmal, wegen dem hohen Kosmetik-Aspekt, eine Dame. Ich hatte vorher gelesen von dem Instrument des **Assessment-Centers,** in dem mehrere Kandidaten in Gruppen beleuchtet  und auch einzeln befragt und getestet werden. Unsere Personalabteilung stand damals diesem Instrument skeptisch gegenüber, letztendlich konnte ich mich aber durchsetzen und designte und führte das Assessment-Center persönlich. Ich hatte großes Glück, eine junge Studienabgängerin aus dem Ruhrgebiet machte das Rennen und leistete von Anfang an einen wichtigen Beitrag in unserem Kreativ-Team. Eine der wichtigsten Konzernmarken wurde mit ihrer maßgeblichen Beteiligung sehr erfolgreich relaunched.

Nach 4 Jahren wechselte ich nach Belgien, die junge Dame verließ das Unternehmen und ist heute Vorstand für Marketing und Vertrieb eines großen Automobilherstellers.

Also: Mitarbeiterauswahl ist nicht nur Glücksache, sondern auch Methode. Zunächst braucht man eine **Job-Description**:

Das Anforderungsprofil an den neuen Mitarbeiter muss klar definiert sein. Folgende Punkte gehören in ein solches Profil:

- Alter
- Notwendige Ausbildung
- Sprachkenntnisse
- Berufserfahrung
- Arbeitszeiten
- Konkrete Aufgaben
- Verantwortlichkeiten
- Führungsqualitäten
- Zielvereinbarung

- Entwicklungsmöglichkeiten
- Gehalts - Bandbreite

Je klarer man das Anforderungsprofil formuliert, umso einfacher ist der Abgleich mit dem Kandidaten.

Unabhängig von der Suche nach neuen Mitarbeitern sollte jede Position im Unternehmen eine Job-Description haben. Für große globale Unternehmen sind gültige Stellenbeschreibungen eine Selbstverständlichkeit, sie gehen sogar noch einen Schritt weiter: Alle Jobs werden weltweit in ein hierarchisches Schema einsortiert, damit jeder weiß, auf welcher Ebene er sich befindet und in welchem Gehaltsbereich er sich bewegt. Und damit auch: Welche Aufstiegsmöglichkeiten sich bieten. Das entspricht zwar etwas dem System der Deutschen Beamten, ist aber ab einer bestimmten Unternehmensgröße sehr sinnvoll.

### b) Mitarbeiter-Beurteilung

Ein wichtiger Punkt, der häufig in kleineren und mittleren Unternehmen vernachlässigt wird. Eine regelmäßige und professionelle Mitarbeiterbeurteilung dient dabei nicht nur dem Unternehmen, sondern motiviert auch die Mitarbeiter.

**Eine Mitarbeiter-Beurteilung muss regelmäßig sein**. Mindestens einmal pro Jahr, große Unternehmen führen Beurteilungen auch zweimal im Jahr durch, das halte ich aber für übertrieben.

**Die Mitarbeiter-Beurteilung muss in einem persönlichen Gespräch erfolgen**. Der Beurteiler ist immer der direkte Vorgesetzte, er muss natürlich auch für diese Gespräche geschult werden ! Das Gespräch muss in Ruhe erfolgen, ohne Einfluss des Tagesstresses. Basis des Gesprächs kann die Job-Description sein, eine Zielvereinbarung oder das Protokoll der letzten Beurteilung. Darum sehr wichtig:

**Die Mitarbeiter-Beurteilung muss dokumentiert werden**. Das Protokoll des Gesprächs gilt als Vereinbarung, deshalb sollten beide, Beurteilter und Vorgesetzter, unterzeichnen.

Wichtig: Jedes Unternehmen, auch der kleine Handwerks- oder Handelsbetrieb, sollte seine Mitarbeiter systematisch über Stellenbeschreibungen, Ziel-Abgleiche und Beurteilungen führen und leiten. Gute Führung in diesem Sinne bietet dem Mitarbeiter eine notwendige Orientierung und eine wichtige Motivation.

Da kann natürlich auch die Frage aufkommen: Was passiert denn, wenn der Mitarbeiter seine Ziele nicht erreicht und den Anforderungen nicht entspricht. Ganz einfach, auch wenn das brutal klingt: Ultimatum geben und helfen, wenn es dann nicht geht: Trennung. Das schmerzt immer, auf beiden Seiten, aber Konsequenz zahlt sich hier immer aus, nur nicht zu lange hinausschieben.

Also noch einmal: Die Mitarbeiter-Beurteilung ist eine absolute Notwendigkeit in jedem Unternehmen.

Ich komme nun zur eigentlichen Kür des People-Managements:

## c) Mitarbeiter-Entwicklung

Hier greife ich zurück auf die Methode des schon erwähnten belgischen Management-Gurus, der dieses wichtige Thema bis ins Detail entwickelt hat, und welches von mir in den beiden Unternehmen in Belgien und Spanien umgesetzt wurde. Jetzt wird es natürlich etwas trocken, aber das muss sein, um dieses tolle Konzept zu verstehen.

Hier geht es klassisch gesehen natürlich erst einmal um Führungsstile, also dem Verhaltensmuster eines Managers gegenüber seinen Mitarbeitern. Zu Zeiten meines Wirtschaftsstudiums wurde in der Literatur noch unterschieden zwischen

- **Autoritärer Führung,**
- **Demokratischer Führung, und**
- **Laisser-faire Führung**

Der autoritäre Manager bezieht seine Legitimation durch seine Position und nutzt sie aus. Er fordert bedingungslosen Gehorsam und befiehlt, was zu tun ist. Diesen Chef-Archetyp habe ich noch erlebt, scheint aber heute fast ausgestorben zu sein.

Der demokratische Manager erlaubt dagegen Diskussionen und erwartet sachliche Unterstützung.

Beim Laisser-faire Führungsstil erhält der Mitarbeiter alle Freiheiten, der Manager delegiert und lässt, ohne einzugreifen und Hilfe, einfach machen.

Heute gilt diese Aufteilung in unterschiedliche Führungsstile und Manger-Persönlichkeiten als überholt, man spricht jetzt vielmehr von einer

- **Situativen Führung**

Das heißt: Unterschiedliche Führungsstile sind in unterschiedlichen Situationen notwendig.

So ist es zum Beispiel beim Einsatzleiter eines Feuerwehreinsatzes der demokratische Führungsstil wenig hilfreich, hier müssen in autoritärer Form vom Einsatzleiter schnellstens die richtigen Anweisungen gegeben werden.

Aber wenn die gleiche Truppe zusammensitzt und die Notwendigkeit neuer technischer Ausrüstungen festlegen muss, ist zuerst einmal demokratisches Führungsverhalten gefragt.

Also: Situativer Führungsstil !

Das führt uns nun direkt zum Thema:

**Der Führungsstil des Manager, oder besser noch, sein Führungsverhalten gegenüber dem Mitarbeiter, muss dazu beitragen, das dieser motiviert ist, seine Aufgaben erledigen kann und sich weiter entwickelt.** Eine Weiterentwicklung in dem Sinne, dass er dazulernt, besser wird, seine eigene Managerpersönlichkeit abrundet und dann auch in der Lage ist, im Unternehmen größere Verantwortung zu übernehmen.

Was ist, wenn jemand im Unternehmen nicht weiter kommen möchte und zufrieden ist, mit dem was er macht ? Kein Problem, das muss respektiert werden, hier ist dann aber auch meistens durch den Vorgesetzten weniger Führung notwendig.

Aber es ist einfach so: Erfolgreiche und exzellente Unternehmen werden von Mitarbeitern getragen, die ehrgeizig sind sich positionsmäßig und gehaltlich weiterentwickeln wollen. Gemäß meinen Erfahrungen mit großen amerikanischen Unternehmen gab es immer ein ungeschriebenes Gesetz: Up or out. Wer nicht in der Lage war, sich in diesem multinationalen Konsumgüterriesen nach oben zu entwickeln, hat dann das Unternehmen auch über Kurz oder Lang verlassen. Ehrgeizige Mitarbeiter wurden einfach vorraugesetzt, da wurde schon bei der Mitarbeiterauswahl darauf geachtet. Und die Bereitschaft, diesen Karriereweg über Einsätze in verschiedenen Auslandsgesellschaften zu gehen, gehörte unbedingt dazu.

Zusammengefasst heißt das: Der Vorgesetzte muss wie ein Fußballtrainer seine Spieler entwickeln und individuell besser machen.

Man nennt diesen Vorgang:

**Prozess des individuellen Wachstums.**

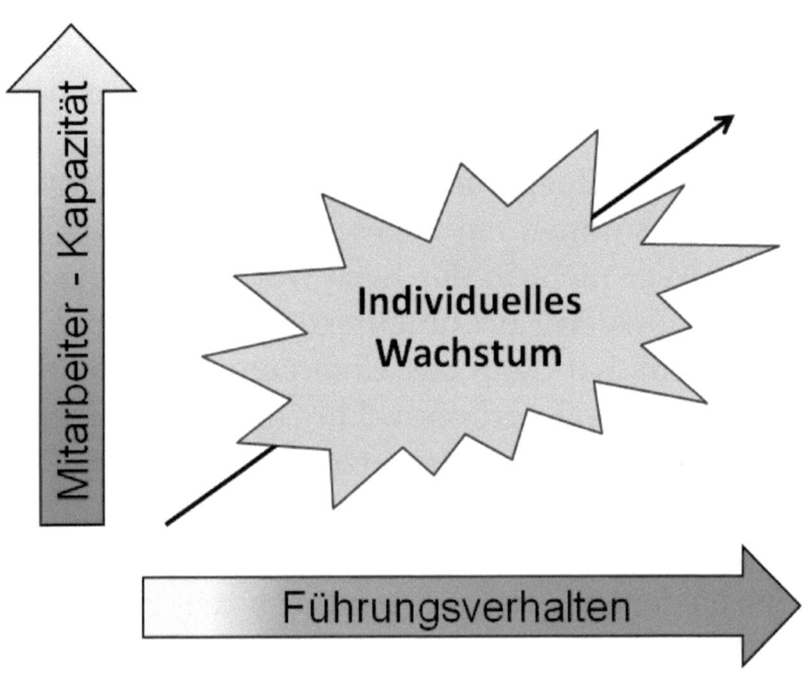

Um das zu erreichen, kommen wir wieder zum **situativen Führungsstil**, der individuell angepasst wird.

Man unterscheidet in diesem Zusammenhang

**3 Führungsstile:**

S 1  =      zeigen, erklären, trainieren

S 2  =      coachen und begleiten

S 3  =      delegieren

Also muss ich nun wissen, wann wende ich  S 1, S 2 oder S 3 an ?

Dazu sollte ich zuerst einmal **den Mitarbeiter genau kennen**. Also klassifiziere ich meine Mitarbeiter in

**3 professionelle Levels (PN):**

**PN 1=Neuling, weiß noch wenig**

**PN 2=kennt seine Aufgaben, aber noch unsicher**

**PN 3=beherrscht seine Aufgaben**

Damit lässt sich schnell folgendes vereinfachtes Schema finden, welches das Führungskonzept verdeutlicht:

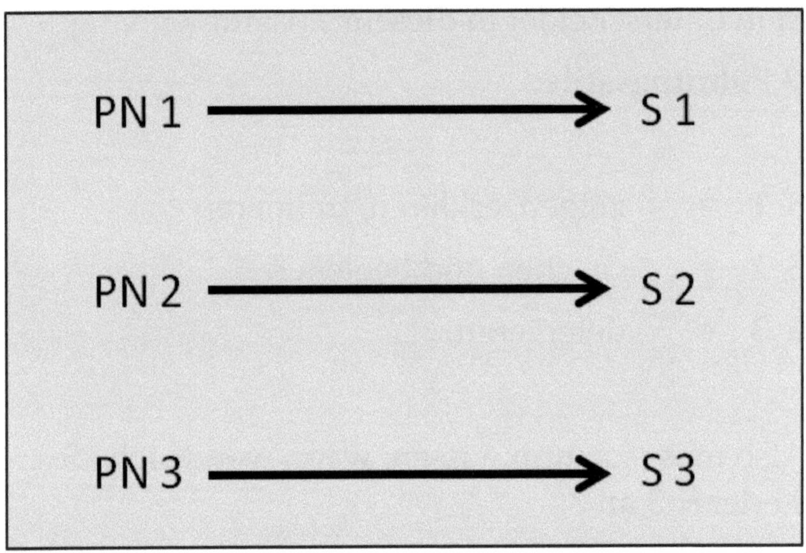


Ist mein Mitarbeiter Neuling (PN1), muss ich ihm seinen Job erklären (S1), kennt er seinen Job, ist sich aber nicht immer sicher (PN2), muss ich ihm helfen (S2), beherrscht er seine Aufgaben (PN3), kann ich delegieren und ihn alleine arbeiten lassen, ich führe ihn ausschließlich durch Zielvorgaben (S3).

Halte ich diese Relationen zwischen Führungsstil (S) und dem professionellen Level (PN) meines Mitarbeiters nicht ein, entsteht Chaos und Demotivation. Delegiere (S 3) ich an einen Mitarbeiter, der überfordert ist und eigentlich Hilfe braucht (PN 1), komme ich zu schlechten Ergebnissen. Genauso, wenn ich meinem Mitarbeiter permanent erkläre und  vorschreibe, was er zu tun hat (S 1), und der seine Sache eigentlich beherrscht ( PN 3), entstehen ebenfalls Frust und schlechte Resultate.

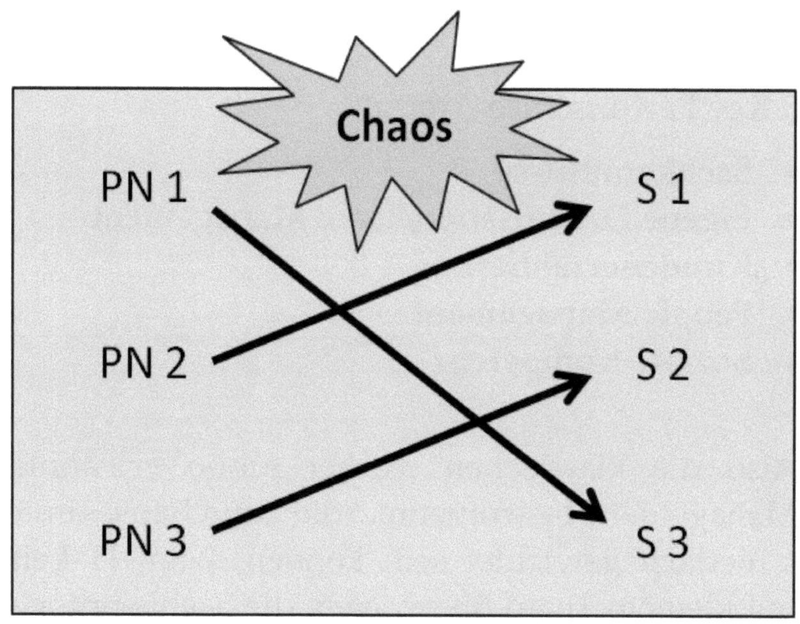

So eindimensional  ist das aber leider nicht. Der Mitarbeiter hat verschiedene  Aufgabengebiete, die komplexe und unterschiedliche Fähigkeiten erfordern, umso mehr, je höher er sich in der Unternehmenshierachie  befindet. Man nennt sie auch „Key Performance Areas", also grob übersetzt „Schlüsselfunktionen", die notwendig für ein gutes Erledigen des Jobs sind.

Die wichtigsten Aufgabengebiete eines Managers sind folgende:

**5 Key Performance Areas:**

- **Sachkenntnisse**
- **Eigene Organisation/Time Management**
- **Kundenorientierung**
- **People Management**
- **Soziale Kompetenz**

Also die klassischen, vorher schon erwähnten, Management-Instrumente, die durchaus, unterschiedlich gewichtet sein können. Beim IT-Leiter mit kleinem Team überwiegen die Sachkenntnisse, beim Verkaufsleiter die Kundenorientierung und beim Top-Manager das People Management. Aber alle brauchen eine gute Organisation der eigenen

Arbeit, jeder seine spezifischen Sachkenntnisse und alle Manager führen irgendwo Mitarbeiter, brauchen also ein aktives People Management. Die Vermutung, dass Kundenorientierung nur für die Verkaufsabteilungen gilt, ist falsch, jeder sollte im Unternehmen den Kunden im Auge haben und sich fragen, was er zur Kundenzufriedenheit beitragen kann. Ich wiederhole extra noch einmal:

Der Kunde ist König !


Wie entwickelt man nun seine Mitarbeiter ?

Zunächst müssen die Key Performance Indikators pro zu führendem Manager festgelegt werden, dabei dient eine aktuelle Stellenbeschreibung als Grundlage.

Dann kommt der wichtigste Schritt: Die einzelnen Key Performance Indikators, also die professional Levels (PN), sind zu bewerten, um meinen Führungsstil (S) pro Indikator anzupassen. Damit bekommt das Thema Führungsstil eine neue Dimension, vom pauschalen zum situativ abhängigen Führungsstil.

Und der Hintergrund dieser Methode ist immer dieselbe: Ich muss meinem Mitarbeiter helfen, besser zu werden.

Dazu wird pro Mitarbeiter ein

**„Individuelles Entwicklungskonzept"** erstellt.

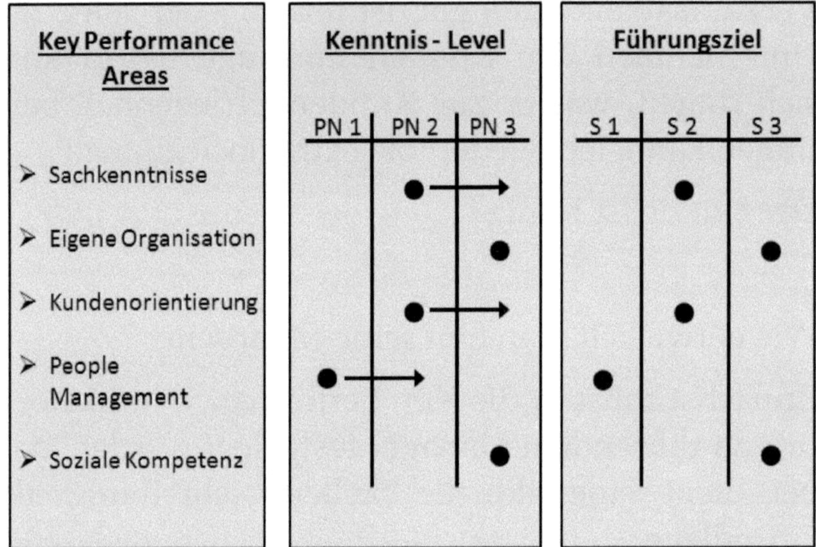


Hierbei handelt es sich um den wesentlichen Inhalt des Führungsgespräches.

Die notwendigen Schritte hierzu:

- Festlegung der verschiedenen Schlüsselfunktionen des Mitarbeiters (Key Performance Areas)

- Einstufung des professionel Levels (PN) des Mitarbeiters pro Schlüsselfunktion. ( PN 1, PN2 oder PN3)

- Definition von individuellen Wachstumszielen des Mitarbeiters pro Schlüsselfunktion. Z.B. von PN 1 (Neuling, weiß noch wenig) zu PN 2 (kann es, braucht aber noch Hilfe), oder von PN 2 (kann es, braucht aber noch Hilfe) zu PN 3 (beherrscht seine Aufgaben)

- Definition von Führungsaktivitäten (S1, S2 oder S3) und Maßnahmen zur Erreichung der individuellen Wachstumsziele (Aktives Coaching, Lehrbücher, Seminare etc.)

- Follow-up im nächsten Meeting (nach einem oder einem halben Jahr).

Um den Vorgang etwas zu verdeutlichen, möchte ich noch einmal ein Beispiel aus meiner Spanien-Zeit erwähnen, und zwar die persönliche Entwicklungsplanung meines damaligen nationalen Verkaufsleiters Rafael Lunes, einem Mann meines Alters aus Sevilla, ein richtiger Bilderbuch-Spanier, der sich allerdings in Madrid schon wie im Ausland fühlte, er war halt Andalusier.

Seine **Schlüsselfunktionen** in seinem Job waren folgende:

I. **Sachkenntnisse über Produkte und die spanischen Handelsstrukturen**
II. **Computer-Kenntnisse**
III. **Kontakte zu den Kunden**
IV. **Führen von Gebietsverkaufsleitern und Vertretern**
V. **Eigene Organisation**
VI. **Englische Sprachkenntnisse für die internationale Kommunikation**

Zuerst einmal diskutierte ich diese Schlüsselfunktionen mit Rafael um eine gemeinsame Gesprächsbasis zu haben. Dann  gingen wir Punkt für Punkt durch, wobei seine Selbsteinschätzung zu Wort kam, aber auch natürlich meine persönliche Beurteilung.

**Zum Punkt  I. Sachkenntnisse über Produkt und Markt:**

Seine Kenntnisse waren hier ausgezeichnet, er beobachtete genau den Wandel im Haarkosmetikmarkt, studierte die Marktforschungszahlen und hatte auch sehr schnell die Details neuer Produkte oder neuer Promotions im Kopf.

Er beherrschte seine Aufgaben (PN 3), hier konnte ich delegieren (S 3). Die Zielsetzung war, dieses gute Niveau zu halten, weitere Aktivitäten waren nicht notwendig.

**Zum Punkt II. Computer-Kenntnisse**

Er kannte sich aus, wenn es darum ging, seine Mannschaft anhand der vorliegenden IT-Kennzahlen zu beurteilen, war aber wenig kreativ wenn es darum ging, neue IT-Kontrollsysteme für die Salesforce zu entwickeln. Rafael hatte hier im Computer-Bereich eine gute Basis, konnte aber noch zulegen (PN 2). Hier war mein Führungsstil S 2 gefragt, ihn bei notwendigen IT-Innovationen aktiv zu begleiten. Ziel war es, Rafael bei diesem Punkt von PN 2 auf PN 3 zu führen, also individuell besser zu machen. Folgende Aktivitäten wurden besprochen und dokumentiert:

- Teilnahme an einem IT-Workshop über das neue Salesforce-Reporting-System
- Wöchentliche Rücksprache zu diesem Punk

## Zum Punkt III. Kontakte zu den Kunden

Hier ging es kaum besser, hier war er ein reiner PN 3, er beherrschte diesen Key Performance Area. Er hatte stets Kontakt zu seinen Großkunden, kannte hier alle Namen und Geburtstage und war sehr beliebt. Dank Rafael bekam auch ich sehr schnell Kontakt zu den wichtigsten Key-Accounts. Ein klares PN 1, hier brauchte ich nichts zu tun (S1).

## Zum Punkt IV. Führen von Gebietsverkaufsleitern und Vertretern.

Er hatte seine Mannschaft schon im Griff, ein konsequentes Beurteilungs- und Entwicklungssystem benutzte er jedoch nicht. Das wurde ja auch gerade erst von mir für alle Bereiche eingeführt. Für das Unternehmen natürlich sehr wichtig, dass der Verkaufsleiter dieses Projekt mitträgt und in seinem Bereich umsetzt.

 Also: Einstufung von Rafael bei Mitarbeiter-Führung (People Management) als PN 2, mein Führungsstil in diesem Punkt zu S 2. Er sollte nun

mit meiner Hilfe das neue Führungskonzept bei
seinen Gebietsverkaufsleitern  einführen und danach selbständig kontrollieren, um dann selbst von
PN 2 auf PN 3 zu kommen. Als Aktivitäten zu seiner Hilfe wurden definiert:

- Teilnahme an unserem Führungsseminar
  über die Methode dieser Mitarbeiterführung
- Leiten einer Salesforce-Projektgruppe zu Ein-
  führung des Systems
- Wöchentliches Follow-up mit mir

## Zu Punkt V.  Eigene Organisation

Rafael war gut organisiert, er erschien zu den
Rücksprachen mit den notwendigen Unterlagen,
hatte seinen Kalender damals schon auf dem Han-
dy und sein Büro war übersichtlich und aufgeräumt. Nur eine Macke hatte er: Im schriftlichen
Ausdruck war er viel zu umständlich, seine Me-
mos und Briefe waren Textblöcke ohne Absätze
und Struktur. Meistens zu viel Text, keine Gliede-
rungspunkte und schwer zu verstehen.

Jetzt kann man natürlich sagen, ist das denn wichtig ? Eindeutig ja ! Natürlich stehen bei einem Verkaufsleiter die verkäuferischen Talente und das

Führen der Verkaufsteams im Vordergrund, zu einem Manager gehört aber auch, dass er sich schriftlich deutlich, kurz und strukturiert ausdrücken kann. Also meine Beurteilung: PN 2 ziemlich nahe an PN 3. Aber in diesem Punkt brauchte er meine Hilfe (S 2). Ich überzeugte ihn von der Notwendigkeit des Strukturierens eines Sachverhaltes mit Unterpunkten und profitierte dabei von einem Seminar mit dem Titel „Memo Writing" welches ich selbst einige Jahre vorher einmal besucht hatte.

## Zu Punkt VI.  Sprachkenntnisse

Rafael sprach nur ein sehr schlechtes Englisch und konnte sich in dieser Sprache kaum verständlich ausdrücken, geschweige denn, einem Meeting folgen. Ein Unding in seiner Position, denn er war als Verkaufsleiter eines wichtigen europäischen Landes bei vielen internationalen Meetings dabei, und ich hörte mir hinterher immer blöde Kommentare an wie „..wann lernt euer Spanier denn mal die englische Sprache?"  Also: Einstufung seines professionellen Levels eindeutig im niedrigen Bereich (PN 1), Zielsetzung war eine deutliche Verbesserung seiner Englisch-Kenntnisse (PN 2, idealerweise später dann PN 3). Mein Führungsstil bei diesem Punkt: S1. Die Maßnahme:

- Abendkurse in Englisch, bezahlt durch
  unsere Firma.

Mit der Zeit verbesserten sich seine Sprachkenntnisse, zwar noch nicht verhandlungssicher, aber er konnte sich auf den internationalen Meetings ausdrücken.

Wichtig ist nun, das Führungsgespräch zu dokumentieren, wir hatten dafür ein Formular entwickelt, das sah dann bezogen auf das erwähnte Beispiel unseres Verkaufsleiters so aus:

# Persönlicher Entwicklungsplan

**Name:** Rafael Lunes          Datum: ...............

| Key Performance Areas | Personal Level | | | Leadership | | |
|---|---|---|---|---|---|---|
| | 1 | 2 | 3 | 1 | 2 | 3 |
| Verkaufs- und Marketingkenntnisse | | | X | | | X |
| Computer-Kenntnisse | | X--▶ | | | X | |
| Kontakt zu Kunden | | | X | | | X |
| Führen eines Teams | | X--▶ | | | X | |
| Eigene Organisation | | X--▶ | | | X | |
| Englischkenntnisse | X--▶ | | | X | | |

Zielsetzung pro KPA: ....................................................

Aktivitäten pro KPA: ....................................................

Datum nächstes Meeting: ....................

Unterschriften:          H. Sondermann          R. Lunes

Ich denke, dass dieses Formular das Prinzip der Mitarbeiterführung gut verdeutlicht. Mir hat dieses Konzept in verschiedenen Organisationen enorm geholfen, konstruktive Führungsgespräche mit meinen Mitarbeitern zu führen, sie zu orientieren und zu motivieren. Egal in welcher Branche oder welcher Unternehmensgröße: Das Prinzip ist immer das gleiche, selbst die Key Performance Areas decken sich. Immer sind die entscheiden Faktoren in der Kompetenz eines Managers die Sachkenntnisse, die eigene Organisation, die Kundenorientierung, die Mitarbeiterführung und die soziale Kompetenz.

Und ich wiederhole mich: Diese Mitarbeitergespräche niemals mit Rücksprachen-Meetings des Tagesgeschäftes vermischen, immer für dieses Personalgespräch einen eigenen Termin machen, und wichtig: Das Gespräch muss von dem Führenden unbedingt positiv und konstruktiv gehalten werden ! Der Mitarbeiter muss die konstruktive Unterstützung fühlen !

Es kann natürlich auch sein, dass der Mitarbeiter bei der Entwicklung nicht mitzieht und aus unterschiedlichen Gründen blockiert. Wenn dann noch schlechte Arbeitsergebnisse dazukommen und ernsthafte Verwarnungen ausgesprochen wurden, dann hat man mit dem Mitarbeiter ein Problem. Aber das ist dann eine andere Gesprächsebene, leider eben auch im Business notwendig.

Für mich waren das immer die schwierigsten Momente, Kündigungen an direktberichtende Mitarbeiter auszusprechen, da flossen auch manchmal Tränen. Aber es muss leider manchmal sein, die restlichen Kollegen sollte den Schritt aber verstehen und nachvollziehen können.

Hierzu ein Beispiel aus meiner Spanien-Zeit: Wir hatten ein Gebietsverkaufsleiter für das Baskenland, der nicht an mich, sondern an den Nationalen Verkaufsleiter berichtete. Er war intelligent, sein Vertreter-Team hatte gute Ergebnisse und mit seinen wichtigsten Kunden hatte er gute persönliche Kontakte.

Aber er hasste es, Vorgaben aus der Zentrale in Madrid zu bekommen, geschweige denn, sich internationalen Konzernnormen anzupassen. Sein Berichtswesen war unvollständig und individuell, er ließ sich ungern in die Karten schauen. Als ich meinen Besuch bei ihm in Bilbao ankündigte, um die wichtigsten Kunden kennenzulernen, meldete er sich vorher krank.

Er mochte mich nicht, hetzte in seinem Team gegen den „deutschen Geschäftsführer" und provozierte mich, wo er konnte. Bei Verkauf-Führungsmeetings in Madrid, an denen die 10 Gebietsverkaufsleiter, die beiden Nationalen Verkaufsleiter, Marketing, Sales-Administration und ich teilnahmen, provozierte er, wo er konnte. Er versuchte mich regelrecht vorzuführen, in dem er demonstrativ zu spät zu dem Meeting kam, unvorbereitet war und für negative Stimmung sorgte. Anhand seiner guten Verkaufszahlen fühlte er sich ja sicher in seinem Job.

Ich schaute mir das genau ein Jahr an, führte kritische Einzelgespräche mit ihm, ließ ihn dann durch die Personalleitung verwarnen, doch schließlich war der Punkt gekommen, an dem ich mich nicht weiter von ihm lächerlich machen wollte. Ich beauftragte meinen Personalleiter, mit ihm eine Aufhebungsvertag auszuhandeln, und dann recht kurzfristig verließ besagter Gebietsverkaufsleiter das Unternehmen. Der beste Vertreter in der Region Barcelona bekam diesen Job, und die Umsätze im Gebiet Baskenland gingen weiter in die Höhe, mit einem neuen, auch mir gegenüber, sehr loyalem Mitarbeiter.

Interessant die Reaktion der Kollegen in der Verkaufs-Führungsmannschaft und fast im ganzen Unternehmen, die gespannt darauf warteten, wie der Sondermann dieses angezettelte Machtspielchen löst: Fast ausschließlich positiv, meine Position wurde durch diesen Vorfall gestärkt.

Also wieder eine wichtige Management Regel:


**Loyalität geht vor Qualität !**


V.    **Soziale Kompetenz**


Als letzten Punkt der Management-Instrumente nun wieder zur eingangs schon beschriebenen Sozialen Kompetenz, die zum einen in der Persönlichkeit eines Menschen verankert ist, aber auch erlernbar ist. Ich sprach bereits von der Wichtigkeit der Erziehung und der frühen Lebenserfahrungen. Pünktlichkeit, Höflichkeit, Respekt, Interesse an den Mitmenschen zu haben, zuhören zu können und Freundlichkeit sind wichtige Werte, die eine Persönlichkeit mit hoher sozialer Kompetenz ausmachen.

Noch diesbezüglich eine Anekdote aus meiner Mexiko-Zeit. Als Geschäftsbereichsleiter hatte ich bereits Umsatz- und Ertragsverantwortung, mein Geschäft lief gut, einmal in der Woche musste ich zur Rücksprache zum Geschäftsführer, meinem direkten Vorgesetzten. Ein Mann mit Finanzbackground, sehr gut organisiert (wie vorher bereits beschrieben), aber eher trocken und introvertiert. Ein purer intelligenter Rationalist, der Smalltalk mit Kunden war nicht sein Metier. Er lachte auch selten, war in seinem Führungsstil eher autoritär als demokratisch, aber trotzdem: Unsere Firma wuchs jährlich über 10 %, die Umsatz- und Ertragsziele wurden erfüllt.

Bei einer dieser Rücksprachen drängte ich dann auf eine Beurteilung, denn ich wusste manchmal bei ihm nicht, wo ich dran war. Also kam es dann zu einem Beurteilungsgespräch, was sehr interessant war. Obwohl ich meine kommerziellen Ziele immer erreicht hatte, warf er mir eine zu ausgeprägte Freundlichkeit und Gelassenheit vor ! Er meinte, um mich weiter zu entwickeln in der Karriereleiter, müsste ich mehr den Habitus eines Top-Managers annehmen: Ernsthaft, konzentrierter und noch fleißiger, wobei er sich auf die Stunden im Büro bezog. Er nannte als Beispiel einen gemeinsamen Kollegen, den ich später als Geschäftsführer in Spanien ablöste. Der war in seinem Job ein hektischer Aktivist mit leichtem Hang zum Autismus, und täglich 14 Stunden im Büro (selbstverständlich mit geschlossener Tür) und eigentlich gar nicht so erfolgreich.

Ich kam abends nach Hause und informierte meine Hannelore über dieses Führungsgespräch. Sie sagte direkt: Quatsch, du bist so wie du bist, brauchst dich nicht zu ändern, dann sind deine Karrieremöglichkeiten eben begrenzt. Das war damals ein wichtiger Zuspruch von meinem Schatz !

Ich habe mein Wesen nie abgelegt, war meistens immer gut gelaunt und freundlich, ob zum obersten Chef oder zum Monteur im Produktionsbereich.

Bei Wikepedia wird **soziale Kompetenz** definiert als **„die Gesamtheit individueller Einstellungen und Fähigkeiten, eigene Handlungszielemit den Werten einer Gruppe zu verknüpfen"** In dem Zusammenhang fällt auch häufig der Begriff „Soziale Intelligenz", hiermit ist gemeint „die Fähigkeit, andere zu verstehen sowie sich ihnen gegenüber situationsangemessen und klug zu verhalten". Beides, soziale Kompetenz und soziale Intelligenz, sind gekennzeichnet durch Werte im Umgang mit sich selbst (Selbstwertgefühl, Selbstbeobachtung und Selbstdisziplin), im Umgang mit anderen (Wertschätzung, Toleranz und Kompromissfähigkeit) und in Bezug auf die Zusammenarbeit (Vorbildfunktion, Motivation und Kommunikationsfähigkeit).

Soziale Kompetenz gehört nicht nur im Wirtschaftsleben zu den sogenannten „Soft Skills" und wird dort immer wichtiger, sie erleichtert auch den Umgang mit den Mitmenschen im täglichen Leben. Andere für sich zu gewinnen ist einfacher, wenn man freundlich ist und an seinem Gegenüber Interesse zeigt.

Die „Hard Skills", die Sachkompetenzen müssen natürlich zusätzlich stimmen !


Nach meinem beruflichen Werdegang als angestellte Führungskraft machte ich mich selbständig als Unternehmensberater. Ich wollte nun alle Erfahrungen einbringen wo sie gebraucht wurden. Schnell bekam ich die Aufgabe, ein amerikanisches, multinationales Kosmetikunternehmen zu beraten. Nach einem Briefing durch den Vorstand des Unternehmens bestand meine Aufgabe darin, für Europa die Kosten für die Marketing- und Vertriebsabteilungen drastisch zu senken und damit die Ertragsstärke des Unternehmens zu erhöhen. Wir waren ein Team von 5 Unternehmensberatern, mein Tätigungsfeld waren die spanischen und die französischen Organisationen. Meine Fremdsprachenkenntnisse und mein fundiertes Sachwissen im Bereich Marketing und Vertrieb kamen mir dabei sehr entgegen.

Der Job war super dotiert, und stolz trat ich von meinem Zuhause in Leverkusen aus die Business-Trips nach Madrid und Paris an. Aber: Es war furchtbar ! Zum ersten Mal in meinem Leben war eine ganze Organisation gegen mich, ich war der Buhmann, der aufräumen sollte. Jeder hatte Angst um seinen Job ! Ich bekam jeweils ein dunkles Kämmerlein zur Verfügung gestellt, wo ich meine Analysen anstellen konnte. Die notwendigen Daten wurden mir natürlich nur widerwillig überlassen.

Es machte einfach keinen Spaß, meine Stärken als Teamplayer verpufften, Führungstechniken waren nicht gefragt, und das People-Management bestand nur darin, die Kündigung von überflüssigen Köpfen vorzuschlagen. Soziale Kompetenz war überflüssig ! Ich fühlte mich zunehmend unwohler in meiner Haut, die erste Phase des Projektes über

3 Monate zog ich noch durch, dann schmiss ich hin, für die nächste Projektphase musste das Unternehmen für Spanien und Frankreich einen neuen Berater suchen. In Anbetracht der mir dadurch entgangenen Tagessätze meinte meine Hannelore nur „...Schade".

Meine Berufszeit war damit abgeschlossen.


## Schlusskommentar


Ich habe es geschafft: Das kleine Buch ist fertig ! Es hat Spaß gemacht, mich gedanklich wieder in den beruflichen Kosmos zurückversetzt zu haben. Ich hatte eine tolle Zeit und habe gelernt das Management überall gleich funktioniert. Mit Freude bin ich morgens ins Büro gefahren, hatte viele gestalterische Freiheiten, Spaß am Umgang mit den Menschen und letztendlich meistens gute Ergebnisse.

**Management richtig angewendet macht Freude und erleichtert den Weg zum Ziel.**

Und Management erleichtert auch das tägliche Leben, abseits des Berufes, **für alle Anfänger darum noch einmal die wichtigsten Regeln zusammengefasst:**

- **Lernt so viel Ihr könnt**

Eine gute Ausbildung in der Jugend zahlt sich immer aus und ist meistens entscheidend für das berufliche Leben. Und während des Jobs: Die Weiterbildung darf nie aufhören, denn gerade in der heutigen Zeit der schnellen Veränderungen werden die Stellen und auch die Arbeitgeber häufiger gewechselt als in der Vergangenheit. Man muss bereit und offen sein für Veränderungen.

Und auch nach dem beruflichen Leben bitte weiterlernen, zeigt Interesse an den Dingen, die Euch Freude machen, pflegt Eure Hobbies.

Die Altersforschung hat erwiesen, dass Neugierde und Lernwille die Lebenserwartung erhöhen.

- **Behaltet das Interesse an Anderen**

Auch hier ein interessanter Punkt aus der Altersforschung. Soziale Anerkennung ist ein Grundbedürfnis des Menschen, wie Essen und Trinken.

Menschen, die in hohem Alter noch in Familien leben oder in anderen etablierten sozialen Gruppen, leben länger.

Also: Pflegt den familiären Zusammenhalt, verbringt viel Zeit mit euren Freunden und zeigt Interesse auch bei neuen Kontakten. Beschäftigt Euch gemeinsam mit positiven Dingen, vermeidet die Nörgler und Besserwisser.

- **Seid höflich und pünktlich**

Zeigt Respekt vor Euren Mitmenschen, hört Ihnen zu und gebt ihnen Anerkennung und Wichtigkeit, beides wird meistens dann zurückbezahlt. Eine gewisse Disziplin der Höflichkeit und Pünktlichkeit erleichtert enorm den Umgang miteinander.

- **Haltet Ordnung**

Das Leben wird immer komplexer, umso wichtiger scheint da Ordnung im eigenen Leben zu haben.

Schafft ein einfaches Ablagesystem für die privaten Angelegenheiten, kontrolliert die eigenen Finanzen durch simple Einnahmen- Ausgabenrechnungen und registriert die Kontaktdaten Eurer Geschäftspartner und Freunde.

Setzt Euch Ziele, plant Euer Leben, bleibt allzeit positiv und habt Spaß im Umgang mit den Menschen.

So, dann mal los ……